ETABLISSEMENT DES FRÈRES DE BEAUVAIS

NOCES D'OR

DU

TRÈS CHER FRÈRE EUGÈNE-MARIE

Directeur de l'Institut agricole

et du Pensionnat.

26 MAI 1890

BEAUVAIS,
TYPOGRAPHIE D. PÈRE, IMPRIMEUR DE L'ÉVÊCHÉ,
A. CARTIER, GÉRANT.

NOCES D'OR

DU

TRÈS CHER FRÈRE EUGÈNE-MARIE.

AVANT-PROPOS.

Cette petite brochure est une œuvre de justice et de réparation.

Le 26 mai dernier, au soir, nous sortions de Beauséjour, encore sous le charme et l'émotion de la fête des Noces d'or du Très Cher Frère EUGÈNE-MARIE, lorsqu'un de nos amis nous posa à brûle-pourpoint la question suivante :

— Vous allez rendre compte dans le JOURNAL DE L'OISE de cette belle journée ?

— Oui, certes, répondîmes-nous.

— Votre récit sera nécessairement inexact et incomplet.

— Merci bien !

— Vous oublierez des noms d'assistants, des détails importants ; vous laisserez passer des fautes d'impression.

— Le moins possible.

— Vous ne tirerez pas assez de numéros pour satisfaire aux demandes qui vous arriveront de toutes parts.

— Peut-être.

— Et vous serez amené à publier, en brochure spéciale, un compte-rendu rectifié, remanié, complété, des Noces d'or du Très Cher Frère Eugène-Marie.

— *Nous verrons!*

— *Vous verrez.*

Et nous avons vu. Suivant la prophétie pessimiste de notre interlocuteur, notre article du lendemain, forcément écrit à la hâte, était incomplet. A notre grande confusion, nous avons omis des noms de personnages importants présents à la fête, et nous avons manqué de numéros devant les nombreuses demandes qui nous en sont parvenues.

Nous le reconnaissons humblement..., et voilà pourquoi nous publions cette petite brochure.

Disons mieux : Nous l'aurions fait en tout état de cause, comme modeste témoignage de respectueux dévouement au héros de la fête du 26 mai 1890.

Entre vieux amis, on se doit justice autant qu'affection, et il serait ingrat au Journal de l'Oise *qui, lui, touche à la centaine, de ne pas rendre l'une et l'autre au vénérable Religieux qu'il a vu, jour par jour, depuis plus d'un demi-siècle, appliquer l'antique devise chrétienne et française :* Pour Dieu et pour la Patrie !

Et maintenant, Très Cher Frère Eugène, à vos Noces de diamant !

Le Journal de l'Oise.

ETABLISSEMENT DES FRÈRES DE BEAUVAIS

NOCES D'OR

DU

TRÈS CHER FRÈRE EUGÈNE-MARIE

Directeur de l'Institut agricole

et du Pensionnat.

---

26 MAI 1890

BEAUVAIS,

TYPOGRAPHIE D. PERE, IMPRIMEUR DE L'ÉVÊCHÉ,

A. CARTIER, GÉRANT.

NOCES D'OR

DU

Très Cher Frère Eugène-Marie,

Directeur de l'Institut agricole, et du Pensionnat des Frères de Beauvais.

26 MAI 1890.

Programme de la Journée.

MATIN.

10 h. 1/2. Messe d'actions de grâces célébrée par M. l'Abbé BLOND, Vicaire général, et pendant laquelle plusieurs motets seront exécutés :

Benedictus, Duo pour Ténor et Baryton, par MM. DE CARRÈRE et MOREAU.   P. de Moucheron.

O Salutaris, Solo pour Ténor avec quatuor, par M. MOREAU. . . . . .   Lesueur.

Fragment de l'**Oratorio de Noël**, Quatuor pour Violon, Violoncelle, Piano et Orgue, par MM. A. LEMARIÉ, L. LEMARIÉ, A. JULITTE et F. GELVASIUS.   C. Saint-Saëns.

Alleluia, Solo de Baryton, par M. DE CARRÈRE . . . .   J.-S. Bach.

11 h. 1/4. Réunion, en leurs locaux respectifs, des deux Sociétés amicales.

11 h. 3/4. Départ pour Beauséjour (Pas redoublé par la Fanfare de l'Etablissement.)   F. Henri.

SOIR.

Midi 1/2. Réception à Beauséjour du T. C. F. Directeur (Fanfare).

1 heure.   **BANQUET-CONCERT.**

Compliment des Elèves du Pensionnat.

Cantate des Noces d'Or, Chœur et Orchestre . . . .   F. Henri.

Compliment des Elèves de l'Institut agricole.

Ouverture de la **Muette de Portici**, par l'Orchestre. . . . . . .   A. Auber.

Chanson de printemps, Romance, par M. MOREAU . . . . .   C. Gounod.

OBJET D'ART présenté au nom de la Société des Agriculteurs de France. et Discours de M. le Marquis DE DAMPIERRE, son Président.

Mignon, par l'Orchestre. . . . .   A. Adam.

CADEAU DE NOCES offert par les Amis et les anciens Elèves.

Discours de M. le Baron DE CORBERON, Président de la Société d'Agriculture de Beauvais.

Fantaisie concertante, Duo pour Flûte et Hautbois, par MM. MAHU, Professeur à l'Etablissement, et DEBONNE. . . . . .   Ph. Gattermann.

Discours de M. DUBOS, Doyen des Professeurs de l'Institut agricole.

Couronne ducale, Mazurka, par l'Orchestre. . . . .   A. Lemarié.

Discours de M. BLANCHEMAIN, Président de la Société des Anciens Elèves de l'Institut agricole.

Le Lac, Méditation poétique d'Alph. LAMARTINE, par M. MOREAU . . . . .   L. Niédermeyer.

Discours de M. SIROUY, Président de la Société amicale des Anciens Elèves du Pensionnat.

Lucrèce Borgia, Fantaisie pour Clarinette, par M. TAVARD, Professeur à l'Etablissement.. . . . .   Donizetti.

Réponse du **T. C. F. EUGÈNE-MARIE,** Directeur.

Allegro militaire par la Fanfare. . . . .   ?

Les Chœurs, l'Orchestre et la Fanfare seront dirigés par M. LEMARIÉ, Professeur à l'Etablissement.

Des voitures, au service de la Maison, seront mises à la disposition de Messieurs les Invités, pour Beauséjour, aller et retour.

Beauvais, 26 Mars 1890,

Monsieur,

Le 26 mai prochain, le Frère Eugène-Marie, directeur du Pensionnat et de l'Institut agricole de Beauvais, célèbrera la fête de ses Noces d'Or.

En raison des services éminents rendus depuis cinquante années à la Religion, à l'Enseignement et à l'Agriculture par cet homme de bien et de dévouement, nous avons pensé que les nombreux amis du vénéré Directeur seraient heureux de lui offrir, à l'occasion de cette belle fête, un témoignage public de leur affectueuse reconnaissance.

*

Pour répondre à un vœu exprimé de divers côtés, nous ouvrons dès aujourd'hui une sous-cription à l'effet d'acquérir, pour être remis solennellement au Frère Eugène, le 26 mai, un souvenir de circonstance dont l'exécution vient d'être confiée au talent d'un artiste distingué, et nous estimons qu'en fixant le chiffre de la souscription individuelle au maximum de 10 francs, nous recueillerons une somme suffisante pour assurer le succès de notre entreprise.

La souscription sera close le 20 Avril. Chaque souscripteur est prié de vouloir bien faire connaître son adhésion le plus tôt possible en envoyant, en un mandat-poste, le montant de sa souscription à M. Charles Gossin, rue de l'Abbé-Gellée, à Beauvais, secrétaire-trésorier du Comité.

Veuillez agréer, Monsieur, l'assurance de nos sentiments les plus distingués.

Les Membres du Comité d'organisation :

Baron de Corberon, Président de la Société d'Agriculture de Beauvais ;

Léon Martin, Président de la Société d'Agriculture de Senlis ;

Émile Wallet, Président de la Société d'Agriculture de Compiègne ;

Jules Labitte, Président de la Société d'Agriculture de Clermont ;

Desmeux, Vice-Président de la Société d'Agriculture de Beauvais ;

Comte de Salis, Secrétaire de la Société d'Agriculture de Beauvais ;

Vicomte de Chézelles, Président du Syndicat agricole de Beauvais ;

Comte de Luçay, Secrétaire général de la Société des Agriculteurs de France ;

Marquis de Beauvoir, comte de Malherbe, comte d'Héricourt, de Carrère, colonel Perrodon, Paillé, Viglas, Henri Vuatrin, Joseph Ricard, Mercier, Directeur de la Sucrerie de Bresles,

Sirouy, Delefortrie, Butteux, Cocuelle, Coutant, Membres du Bureau de la Société des Anciens Élèves du Pensionnat;

Blanchemain, Dubos, Delaville, Charles Gossin, Léluy, Caubet, Professeurs et Membres du Bureau de la Société des Anciens Élèves de l'Institut agricole.

NOCES D'OR

DU

TRÈS CHER FRÈRE EUGÈNE-MARIE,

Directeur de l'Institut agricole et du Pensionnat.

---

26 MAI 1890.

—

Le Bienheureux de La Salle a visiblement protégé la cé-
lébration des Noces d'Or de son fils spirituel, le très cher
Frère Eugène-Marie, dans la journée du 26 mai 1890, date
inoubliable pour tous ceux qui ont pris part à cette consécration d'un demi-siècle de labeurs assidus, répartis avec
une rare intelligence ; entre l'instruction des jeunes gens,
l'éducation des enfants, les travaux modèles de l'agriculture,
le tout pour l'amour de Dieu et de la France.

La sympathie d'hommes illustrant leurs carrières diverses
par leur talent et leur caractère ; la reconnaissance d'agriculteurs distingués, appliquant avec succès les principes
qu'ils ont recueillis à l'Ecole de la rue de Nully-d'Hécourt ;
l'attachement des Elèves actuels de l'Institut ; l'amour filial

des enfants du Pensionnat; l'entourage de ses plus distingués Collaborateurs, des Professeurs les plus éminents qui l'assistent; le respect, l'amitié, le dévouement qu'il inspire à tous ceux qui l'approchent ; rien n'a manqué hier au Frère Eugène-Marie.

Le ciel même lui a épargné la chaleur torride et les fureurs de l'orage qui avaient signalé la journée de la veille, et la fête tout entière a pu être célébrée sans pluie.

A six heures du matin, les Elèves de l'Etablissement ont été éveillés aux joyeux accords de la Fanfare auxquels se mêlaient les détonations parties des croisées : coups de fusil, fusées, pétards, etc.

Le fronton de la maison sur l'une et l'autre cour était couronné par des faisceaux de drapeaux et les Elèves de l'Institut agricole de nationalités étrangères faisaient flotter à leur fenêtre le drapeau de la patrie ; ici, celui des Etats-Unis ; là, celui du Canada, plus loin, de la République Argentine, du Chili, de l'Espagne, de l'Egypte, de la Syrie, de la Suisse.

Dès les premières heures de la matinée, les trains du chemin de fer débarquaient dans notre ville les nombreux invités du Frère Eugène. A dix heures et demie précises, la chapelle de l'établissement était déjà comble. Le Cher Frère Eugène-Marie entre, et sous la voix puissante et majestueuse de l'orgue, va occuper la place qui lui est préparée dans le sanctuaire. Alors commence la messe d'actions de grâces, célébrée par M. l'abbé Blond, vicaire général, à laquelle nous a fait l'honneur d'assister M. l'Archiprêtre de la Cathédrale.

La musique que nous y avons entendue était vraiment digne de ses auditeurs.

Un excellent *Benedictus* de M. P. de Moucheron, l'*O salutaris* de Lesueur, un gracieux quatuor pour instruments à cordes, de Saint-Saëns, et un *Alleluia* de Bach, aussi beau que bien chanté, ont été magistralement exécutés par MM. de Carrère, Moreau, A. et L. Lemarié, Julitte et Frère Gelvasius.

A onze heures et demie, départ solennel pour Beauséjour,

maison de campagne de l'Etablissement. La Fanfare ouvre la marche et nous voyons défiler dans un ordre parfait le cortège accompagnant le cher Frère Eugène-Marie, traversant la ville par les rues de la Manufacture, de l'Ecu, la place Jeanne-Hachette et les rues Saint-Sauveur et Saint-Martin, au milieu de la sympathie générale.

Sous l'explosion des sentiments d'allégresse qui l'entraînent, la brillante troupe des élèves et des amis, a bien vite parcouru les trois kilomètres qui la sépare de la maison de campagne.

Les invités désireux d'arriver plus vite trouvaient place dans les nombreuses voitures mises à leur disposition.

L'aspect de Beauséjour, si heureusement nommé, avec son château imposant, sa belle avenue, ses bosquets, ses gazons, son jardin potager modèle, était charmant, et la joie, la bonne humeur de la foule en augmentaient encore le charme.

Là, sur une vaste pelouse, s'élevait une immense tente, merveille d'élégance et de hardies proportions, qui avait été dressée par ses propriétaires, les Frères du Pensionnat de Rouen. Neuf cents mètres carrés se trouvèrent circonscrits par ce gigantesque édifice, dont trois côtés étaient artistement tapissés, tandis que le quatrième donnait une très agréable vue sur le parc et le château.

Huit cents couverts, *par un de moins et tous occupés,* y étaient préparés, et lorsque, de la place d'honneur, le très cher Frère Eugène eut dit le *Benedicite,* le coup d'œil était vraiment impressionnant.

On comprendra que nous ne puissions citer ici les noms de tous les honorables convives qui avaient répondu au généreux appel du héros de la fête. Disons seulement qu'à la table d'honneur s'étaient assis : à droite, M. le marquis **de Dampierre,** président de la Société des Agriculteurs de France ; à gauche, le général de division **Villette ;** le Très Cher Frère **Albert-Eugène,** ancien sous-Directeur du Pensionnat de Beauvais, faisait vis-à-vis au Très Cher Frère **EUGÈNE-MARIE** : à sa droite, M. **Gaillard ;** à sa gauche, M. le comte de l'**Aigle,** députés de l'Oise.

Puis venaient :

MM. **Robert** (général), sénateur.

Saget (général), président du Conseil général.

Corberon (baron de), conseiller général, président de la Société d'Agriculture.

Malherbe (comte de), ancien sénateur.

Mouchy (duc de), ancien député.

Beauvoir (marquis de).

Desjardins (Albert), ancien député et sous-secrétaire d'Etat, doyen de la Faculté de Paris.

Châtenay (de), ancien député, conseiller général.

Martin (Léon), ancien député, président de la Société d'Agriculture de Senlis.

Labitte (Jules), président de la Société d'Agriculture de Clermont.

Wallet (Emile), président de la Société d'Agriculture de Compiègne.

Chézelles (vicomte de), président du Syndicat agricole.

Poly (de), conseiller général.

Elbée (comte d'), président de la Société d'Horticulture.

Luçay (comte de), Secrétaire général adjoint de la Société des Agriculteurs de France.

Salis (comte de), président de la Section de génie rural de la Société des Agriculteurs de France.

Blanchemain, secrétaire de la Société des Agriculteurs de France.

Aylies (Ch. d'), secrétaire de la Société des Agriculteurs de France.

Perrodon (colonel)

Carrère (de), ancien conseiller de préfecture.

Sébastiani (vicomte), ancien préfet.

Labitte (Auguste), conseiller général.

Courtils (comte des), conseiller d'arrondissement

Dupuy-Bénaut, conseiller d'arrondissement.

Paille, ancien avoué, président de la Société de Saint-Vincent-de Paul.

Devimeux, vice-président de la Société d'Agriculture de Beauvais.

Mython (de), ancien vice-président du tribunal civil.

Rainvillers (comte de), ancien député.

Rainvillers (Le Bastier de), agriculteur.

Beauchesne (de), ancien conseiller général.

Arleux (Morel d'), notaire.

Vuatrin (Henri), président de la Société des Apprentis.

Ricard (Joseph).

MM. **Moison**, ancien conseiller général.

Avonde, ancien notaire.

Leclerc, vice-président de la Société d'Agriculture de Clermont.

Sagny, vice-président de la Société d'Agriculture de Senlis.

Roussel (Ulysse), Secrétaire de la Société d'Agriculture de Clermont.

L'Epine (Maurice), ancien juge.

Hongre-Bullot, maire, agriculteur.

Aumont père, de Chantilly.

Dupressoir, vice-président de la Société d'Agriculture de Clermont.

Ansart, avoué.

Hamot, agriculteur.

Butteux, agriculteur.

Fabignou, avocat.

Boullenger, maire de Moyenneville.

Boullenger, de Saint-Julien, président du conseil d'administration de Froyères.

Delahaye, constructeur.

Bajac, ingénieur-constructeur.

Bolikowski (Richard de), directeur de sucrerie.

Gourdin, directeur de sucrerie.

Parent, docteur en médecine.

Colson, docteur en médecine.

Taconnet, maire.

Fessart, ingénieur.

Recullet, notaire.

Dubus, juge de paix.

Thierrée, professeur.

Dupont (Louis), agriculteur.

Dupont (Gabriel), maire.

Dupont (Joseph), agriculteur.

Buraincy, maire.

Vigoureux, ancien vétérinaire.

Duval, maire, lauréat de prime d'honneur.

Cressonnier, maire, lauréat de la prime d'honneur.

Vuatrin (Ferdinand).

Dupressoir, agriculteur.

Blanchet, avocat.

Elbée (vicomte d').

Canecaude (Joseph de).

Camus, avocat.

Prévotel-Thiberge.

Wallet (Paul), agriculteur.

Wallet (Louis), agriculteur.

**

MM. **Dumoulin-Galhaut**, agriculteur.

Marthe, agriculteur.

Savary, pharmacien.

Chevalier-Boivin, ingénieur.

Lamarque, de Bordeaux, négociant en vins.

Chanoine (Henri) représentant de la maison Lamarque, de Bordeaux.

Defontenay (Albert), agriculteur.

Audain, docteur en médecine.

Darras, chef de gare.

Guesle, inspecteur du chemin de fer du Nord.

Delorme. notaire.

Queille, avocat.

Baclé père, agriculteur.

Baclé fils, ingénieur.

Galmel (Arsène), agriculteur.

Dhuicque, agriculteur.

Ricard (Valentin), rentier.

Fernet, rentier.

Descateaux, rentier.

Pommel, agriculteur.

Duquesne-Gromas, rentier.

Lesueur, agriculteur.

Courtois, agriculteur.

Thorel, agriculteur.

Gueulle père, agriculteur.

Salmon, agriculteur.

Quest, agriculteur.

Lefèvre-Stiévenard, agriculteur.

Bellemère, agriculteur.

Bariat, constructeur.

Lemaire, agriculteur.

Demonchy, agriculteur.

Lagrue, négociant.

Bernadicou, agriculteur.

Gaudissart, agriculteur.

Boyenval, agriculteur.

Mercier, agriculteur.

Pochard (Henri), négociant en vins.

Warin, agriculteur.

Varin, agriculteur.

Petit, industriel.

Salomon, agriculteur.

Dhuicque, pharmacien.

Carpentier, vétérinaire.

Delayen, industriel.

les Frères **Gaubert,** Pro-Directeur, **Arsénius,** Directeur
de la Ferme, **Laurentius,** Sous-Directeur du Pensionnat,
Antonis, Chef de Division, **Gelvasius,** etc., etc., et les
anciens Elèves de l'Institut et du Pensionnat.

A la table de la presse, on remarquait MM. **Ch. Gossin,**
directeur de la *Gazette agricole*; **de La Valette,** directeur de l'*Agriculture pratique*; **de La Morvonnais,** directeur du *Journal d'Agriculture*; **Moisand,** conseiller
général, directeur du *Moniteur de l'Oise*; **Rocoffort,** directeur du *Journal de l'Oise*; **Crépeaux,** rédacteur de la
Gazette des Campagnes; **Marly,** dessinateur de l'*Illustra-
tion*; **Tabary, Mas,** etc., etc.

Le banquet-concert a commencé par le compliment suivant
des Elèves du Pensionnat, prononcé par M. **Fernand
Carron,** élève de la première Classe :

TRÈS CHER FRÈRE DIRECTEUR,

MESSIEURS,

> Jamais le beau soleil n'ouvrit un plus beau jour,
> Sur l'Eden que vos cœurs ont nommé Beauséjour.

Par une délicatesse qui nous flatte, le programme de la journée
donne pleine satisfaction à notre juvénile impatience, quand il
nous dit : « Petits enfants, parlez les premiers ». Merci à son
auteur. Il ne nous en faut pas davantage; car si le poète médi-
sant déclare notre âge sans pitié, il n'ajoute pas qu'il soit sans
paroles.

Aujourd'hui, cependant, nous serons sobres, jaloux de laisser
à nos ancêtres, ou même à nos aînés, l'honneur de définir cette
fête, de préciser son objet et d'en célébrer le héros : Travail bien
au-dessus de nos forces. Nous dirons toutefois notre histoire.

Et sans plus, voici le fait :

Au temps de la Restauration, dans une des plus honnêtes et
non des moins laborieuses familles de la Champagne, un enfant
venait au monde. On le nomma Eugène. Porteur d'une forte tige
de vie, le nouveau-né s'inquiétait peu des petits tourments qu'il
procurait à la tendresse maternelle.

L'enfant s'annonçait bien, et chacun s'en réjouissait.

Les contemporains affirment que sa première parole fut cette
étonnante exclamation : « Un Cheval! » Passons sur les pro-
nostics qui se placent ici d'eux-mêmes, afin de considérer plus
tôt Eugène, jetant autour de soi les vigoureuses pousses qui s'é-
chappent de sa chaude et exubérante nature. Ses frères acceptent

son empire, et ses camarades de classe reconnaissent ses droits à la Monarchie absolue. Cet esprit de souveraineté le suivit chez les Frères de Vitry, où sa famille le mit pensionnaire.

C'était là que Dieu l'attendait pour lui révéler sa vocation. Quel instant solennel que celui où Dieu arrête un jeune homme au seuil de la vie afin de lui parler au cœur! Eugène Chanoine prêta l'oreille à l'invitation du Ciel, et réfléchit sérieusement. Quand il eut compris que Dieu l'appelait, sa résolution fut aussi soudaine qu'irrévocable.

Vainement essaya-t-on de le détourner de son dessein; puis de lui faire différer son départ. « Non, dit-il, je partirai demain, si vous m'y autorisez. »

Il partit, en effet, et vint passer trois ans au noviciat de Paris. Le nouveau postulant apportait dans cet asile de formation religieuse et professionnelle un cœur facile à incliner aux devoirs religieux, et auquel s'associait une intelligence ouverte à toutes les sciences humaines. Les supérieurs, appréciant ces remarquables aptitudes, s'appliquèrent à en favoriser l'essor. Aussi, nous plaît-il de rapporter à ces années de noviciat ce premier fonds de connaissances variées, qu'un labeur puissant accroîtra encore, et suffisamment, pour qu'elles deviennent l'honneur d'un professorat aussi long que lumineux et fécond.

Ces conditions, Messieurs, suffisaient bien au-delà pour que, le 6 décembre 1839, jour où le frère Menée, de vénérée mémoire, vint à Paris demander un maître pour le service de sa maison, le jeune frère Eugène-Marie fut là, le pied dans l'étrier, et prêt à partir en mission. Bien lui en prit d'être prêt. Son supérieur le mande, en effet, et le présente au frère directeur de Beauvais. Celui-ci se connaissait en hommes; et quelques minutes d'entretien lui suffirent pour soupçonner les ressources du jeune frère, à qui il déclara qu'il allait l'emmener. Le lendemain, frère Eugène-Marie arrivait à Beauvais.

Il y a cinquante ans de cela, Messieurs!

Bien court fut le temps employé par le nouveau maître pour tracer la voie par laquelle lui viendraient la confiance de ses supérieurs, les sympathies des familles et cette universelle estime dont votre présence ici, Messieurs, est l'éclatante expression.

Permettez-nous, Messieurs, fût-ce au prix d'une indiscrétion, de soulever le voile qui cache une carrière modeste en son principe, haute par le point de vue, puissante par les œuvres, et dont l'action embrasse plus d'un demi-siècle.

Déjà, à ces traits, vous reconnaissez le Frère Eugène, professeur habile autant que savant, menant parallèlement l'enseignement des sciences physiques et naturelles et celui des mathématiques, avec une ardeur dont les dernières flammes, pareilles à de magnifiques couchers de soleil, éclairent encore les attardés du chemin.

Par sa perspicacité naturelle, le Frère Eugène devina promptement la vraie pensée de son Directeur, dont il devint l'intelligent auxiliaire. Le Frère Menée passait alors pour l'homme qui menait à bien les choses impossibles : dans tous les cas, cet homme voulait fortement.

Avec cette largeur d'esprit qui le distingue, le Frère Eugène fut heureux de s'associer aux grandes pensées du Frère Directeur ; il lui prêta un concours particulièrement efficace lors de la création du demi-pensionnat et du pensionnat, puis du cours normal et de l'institut agricole.

Les années s'écoulaient.

Des travaux de géant avaient fini par avoir raison de la robuste constitution du digne Frère Menée ; et l'intrépide champion de toutes les grandes causes sociales et religieuses partait pour l'autre vie le 10 juin 1864.

Le Frère Eugène était alors dans tout l'éclat de son talent. Les supérieurs lui offrirent la succession du vaillant disparu.

Le fonctionnement de la maison de Beauvais se heurtait alors à des difficultés variées.

Toutefois, pas une faiblesse ne trahit la nouveauté administrative de l'Héritier du Frère Menée. Soldat de la vie militante, le Frère Eugène ne vit qu'un théâtre d'action plus vaste et pensa que :

Mieux vaut défricher un sillon
Que de bâiller dans un salon.

Il se mit donc à l'œuvre ; et ses frères virent avec quelle étonnante promptitude il sut s'assimiler les sciences agricoles et leurs connexes, trésor inépuisable d'où sont sortis ces lumineux rapports attendus comme des événements, tant les questions traitées s'y trouvent habilement fouillées, nourries de faits nouveaux et égayées par de piquantes envolées d'esprit.

Nous nous arrêtons, Messieurs ; notre jeune témérité vous fatiguerait, et nous ne le voulons pas.

D'ailleurs, des voix plus éloquentes que les nôtres développeront les points que nous n'avons fait que toucher.

Cependant, Messieurs, permettez-nous de vous souhaiter la bienvenue, et aussi de vous exprimer combien nous sommes fiers d'être associés à cette imposante manifestation préparée par vos sympathies pour célébrer les *Noces d'or* de notre éminent Directeur.

Cette couronne d'honneur et de respect que votre affectueuse estime lui a tressée, nous dit à quel haut prix vous mettez les cinquante années que le vénérable Frère Eugène a dépensées au service de Dieu et de la France : de telles destinées ne devraient pas finir.

Certes, il ne tiendra pas à nous, cher Frère Directeur, que Dieu ne prolonge votre vie jusqu'aux années qu'il accordait aux Patriarches des anciens jours. Comme ces héros primitifs, en effet, par l'ordre de Dieu et sous son regard, vous conduisez les vaillantes tribus de la Maison d'Israël dans les hautes régions de la Foi où l'homme voit, connaît et aime son Créateur et Maître.

Pourquoi la vie, qui éclate et surabonde dans les cœurs de ceux qui vous acclament; pourquoi cette vie débordante ne passerait-elle pas en vous, en ce moment, pour y créer une nouvelle jeunesse; pourquoi Dieu, si justement nommé LE BON DIEU ne récompenserait-il pas le bien accompli, en vous accordant le suprême bonheur de le continuer encore?

O toi! glorieux saint Joseph, notre Patron privilégié; toi, dont le culte béni a pris naissance avec l'aurore qui éclaira le berceau même de notre chère Maison; toi, dont le nom auguste et la confiance qu'il inspire ont, dans une féconde union, emporté au-delà des mers la renommée de l'Institution placée sous ta puissante égide; ô toi, Protecteur né et Gardien fidèle des saintes causes, consacre la pieuse allégresse des fils en conservant les jours de leur bien-aimé Père!

Ce petit modèle de compliment, débité avec beaucoup d'intelligence, a été suivi d'une belle cantate, due, paroles et musique, au talent du cher Frère Henri, professeur à l'Institut agricole. Cette composition grandiose, soutenue par un orchestre choisi, a été enlevée avec brio et émotion par le cours de chant du Pensionnat.

Nous avons remarqué la sûreté et l'élan avec lesquels les jeunes solistes ont rendu le *duo* ainsi que le *solo* de la prière accompagnée à bouche fermée. Le *récitatif*, écrit pour ténor, nous a procuré la satisfaction d'applaudir la voix sympathique de M. Moreau.

CANTATE DES NOCES D'OR.

FRÈRE HENRI.

Invitation (tutti et chœur).

Amis, chantons en chœur
Notre aimé Directeur. } *Bis.*

Refrain.

Amour, honneur au Frère Eugène
Fêtons en chœur sa cinquantaine.

Duo (soprano et alto).

Que nos accords, en cette belle fête,
Disent : amour et gloire à notre Directeur.
Que chacun le répète
Ce cri parti du cœur :
               Amour, honneur... etc.

Chœur fugué.

Au contact de son cœur
L'attrait de la vertu s'empara de nos âmes,
L'amour du Christ qui conduit au bonheur
Y brûlera toujours de ses ardentes flammes.

En retour aujourd'hui
Des soins reçus de sa vive tendresse
Nous proclamons l'inviolable promesse
D'assurer à son œuvre un généreux appui *(Bis).*
               Amour, honneur... etc.

Récitatif de ténor.

Faites silence, amis; c'est l'heure solennelle *(Bis)*
   Loin de la terre, en haut les cœurs!
Prions, frères aimés, dont la joie étincelle;
Oui, conjurons le Ciel d'étendre ses faveurs.

Prière (soprano)

Daigne, Seigneur, entendre la prière
Que nous faisons monter vers Toi.
Comble de bien et bénis notre père
Qui n'eut d'amour que pour ta loi *(Bis).*

Chœur.

Que pourrais-tu, grand Dieu, dans ta munificence
Refuser à des cœurs qu'anime l'espérance?
Vivat, vivat, vivat in æternum!

Valse (invitation à la nature).

Aux ris joyeux d'heureux enfants,
Nature aimée en cet anniversaire
Unis tes voix et leurs plus doux accents
Pour chanter l'hymne à la gloire du père.

Hôtes charmants
Cachés sous le feuillage,
A nos accents,
Mêlez votre ramage.

Brise du soir
Emplis sous la ramée
Ton encensoir
De fraîcheur parfumée.

        Timide fleur
    Distille ton arôme;
        Que ta liqueur
    Répande son doux baume.

        Echos lointains
    Répétez en cadence
        Les gais refrains
    De la reconnaissance.

Final.

Vivat, vivat, vivat in æternum! (Bis).

M. de Girardier, élève de l'Institut agricole, s'avance près de la table d'honneur, et d'une voix éclatante, prononce le discours suivant :

MESSIEURS,

Si, dans cette imposante assemblée, il est quelqu'un qui doive prendre la parole, c'est un élève de l'Institut agricole.

En effet, cher Frère Directeur, l'Institut agricole n'est-il pas votre œuvre de prédilection?

On dit que les créations valent ce qu'elles coûtent; quelle fondation a réclamé plus d'intelligence, exigé plus de perspicacité, imposé plus d'efforts persévérants à son instaurateur que l'installation de votre œuvre!

En vérité, ses premières années furent pénibles et laborieuses. Mais aujourd'hui, cher Frère Directeur, livrez-vous tout entier à la joie et à l'allégresse; l'œuvre s'est développée, elle est devenue ce grand arbre capable de résister à lui seul à toutes les attaques, à toutes les menaces, d'où qu'elles viennent, tant son éducation a été virile.

Aujourd'hui, il est hors de danger parce qu'il est sous la haute et bienveillante protection de la Société des Agriculteurs de France.

Oui, très cher Frère Directeur, réjouissez-vous au milieu de vos nombreux enfants. Et voyez s'ils sont fidèles, dites s'ils vous aiment; plus de 80 de nos aînés sont accourus de tous les points de la France, et même de l'étranger pour s'unir à leurs plus jeunes frères et vous offrir l'expression de leur plus respectueuse gratitude! Ah! comme nous sommes fiers de notre famille adoptive.

Très cher Frère Directeur, je ne ferai pas l'énumération des succès que vous avez obtenus dans l'éducation et dans l'agriculture; des voix plus autorisées diront que, peu d'hommes dans la sphère de leur activité, ont versé un plus large tribut au trésor commun, creusé de plus profonds sillons, semé des germes plus

féconds et plus précieux dans les champs de la Religion et de la
science ; ces voix, dis-je, rendront hommage au religieux modeste
et laborieux, que cinquante années d'un travail opiniâtre et inces-
sant ont élevé à une place d'honneur, parmi les hommes de science
et de vertu dont la France a le droit de se glorifier.

Très cher Frère Directeur, les élèves de l'Institut agricole sont
plus à leur aise pour vous dire simplement combien ils sont heureux de vous féliciter à l'occasion de vos *noces d'or*, et vous assurer
qu'ils font des vœux ardents pour que Dieu vous conserve de
longues années encore à leur respectueuse affection.

Ils veulent vous remercier solennellement des marques si nombreuses et si évidentes de dévoûment que vous leur donnez tous
les jours.

Ils veulent vous promettre d'être toujours dignes de l'éducation
agricole et chrétienne qu'ils reçoivent dans ce cher Institut.

Et quand, lancés sur la mer orageuse de ce monde, nous serons
ballotés par les flots de la tempête, ou que, en face des ennemis
de notre foi, de nos mœurs et de tout ce qui fait notre honneur,
nous serons tentés de nous décourager et de faiblir, à l'exemple de
nos anciens, notre souvenir se reportera vers Beauvais : il sera
notre boussole; nous viendrons nous asseoir comme eux au
foyer de la famille, y retremper nos âmes; vous et nos chers
maîtres serez toujours le phare lumineux qui nous indiquera le
port. La Vierge immaculée, que vous nous avez donnée pour pa-
tronne, saint Joseph, le protecteur spécial de notre maison, nous
obtiendront force et courage; et alors chacun de nous, comme un
nouveau Léonidas, jettera ce fier défi à celui qui voudrait nous
faire rendre les armes : Viens les prendre!

Puis, à nos chants de triomphe, viendront se mêler les noms de
ceux que nous saluons en ce beau jour, et nous répéterons avec
enthousiasme :

Vive le cher Frère Eugène!

Vivent nos maîtres!

Vivent et prospèrent nos camarades, les anciens élèves de l'Institut agricole ! ! !

Ces justes témoignages rendus au distingué Directeur de
l'Institut et du Pensionnat des Frères, M. le baron de
Corberon, avec un tact accompli, a porté, au nom de l'Etablissement, un toast au chef de l'Etat. Ses dignes paroles
ont été fort bien accueillies.

Après quelques instants, dont les convives ont profité
pour se communiquer leurs impressions et savourer en
même temps les mets du festin, M. le marquis **de
Dampierre** a pris la parole :

MESSIEURS,

Je viens, non vous faire un discours, mais accomplir une douce mission, celle de porter au vénéré Directeur de cette Maison, au nom de la Société des Agriculteurs de France, un témoignage de son estime, de son respect et de son admiration. Elle lui a décerné, en reconnaissance de cinquante ans de dévouement à la cause agricole, la plus haute des récompenses dont elle dispose.

Laissez-moi ajouter, Messieurs, que je ressens une grande joie de pouvoir, pour mon compte, honorer, dans un de ses membres les plus aimés, l'admirable Institut qui joue un rôle si important dans les destinées de la France. Vous avez ici la preuve de la fécondité du savant enseignement qu'il donne dans cette maison; vous voyez combien de jeunes hommes instruits par ses soins vont rendre au pays d'éminents services. Vous savez de quelle gloire se sont couverts ces admirables Frères, lorsque leur courage et leur charité en ont fait des brancardiers qui allaient secourir nos blessés sur les champs de bataille de la terrible guerre contre l'Allemagne. Mais ce n'est pas ce que j'admire le plus en eux. Leur vraie gloire, ce qui donne à leur mission une si haute portée sociale, c'est qu'ils se sont faits les instituteurs des petits, les défenseurs de la foi du peuple de notre vieille France, contre les tentatives impies qui la veulent détruire. Par là, ils touchent au cœur de nos populations émues d'un apostolat qu'elles savent si désintéressé; ils instruisent le suffrage universel encore incertain de sa marche, et ils deviendront ainsi les sauveurs du pays. Aussi, Messieurs, quiconque porte un cœur de chrétien et de patriote, leur doit-il le respect et l'affection dont nous sommes heureux de pouvoir ici leur donner l'assurance.

Honneur donc à l'Institut des Frères des Ecoles chrétiennes! Honneur à Celui de ses Membres qui, depuis cinquante ans, donne à Beauvais l'exemple de tous les dévouements!

Puis, l'éminent Président se tournant vers le cher Frère Eugène lui remet un objet d'art, consistant en un magnifique plat d'argent aux figures allégoriques : l'*Agriculture* et l'*Instruction,* qui est la plus haute récompense que décerne la Société des Agriculteurs de France.

Les acclamations les plus enthousiastes éclatent de toutes parts; elles redoublent, quand M. le marquis de Dampierre donne l'accolade au très cher Frère Eugène, qui a peine à contenir son émotion.

Bientôt de nouvelles acclamations surgissent de l'imposante assemblée, quand un rideau de velours s'écarte subitement et laisse apercevoir le portrait en pied du cher Frère

Eugène-Marie. Cette toile, due au savant pinceau de M. Sirouy, maître bien connu, représente le héros de la fête au milieu de la propriété de Beauséjour.

Enfin, le silence se rétablit pour laisser à M. le baron **de Corberon** la satisfaction de résumer la vie du Cher Frère Eugène-Marie et ses nombreux succès remportés dans les concours agricoles depuis vingt-six ans.

Je porte un toast au Frère Eugène.

MESSIEURS,

Mes collègues ont bien voulu charger leur doyen de prendre aujourd'hui la parole, et je les en remercie, car il est bien doux pour le vieil ami de cette Maison d'avoir l'honneur de porter ici au nom de tous les agriculteurs de l'Oise, à notre maître et ami, l'hommage de notre haute estime et de notre respectueux attachement.

Je dis à notre maître, car c'est bien le titre qui appartient au Directeur de l'Institut agricole, chez lequel nous avons toujours trouvé le bon exemple et les meilleurs conseils, et qui, depuis plus de trente ans, a porté si haut, dans tous les concours, régionaux et internationaux, le drapeau agricole de l'Oise.

Je vous demande la permission de vous donner la liste de ses triomphes et des justes récompenses qui lui ont été accordées.

En 1861, à Paris, à l'Exposition universelle, médaille d'or grand module pour sa belle collection de céréales cultivées expérimentalement à la ferme de l'Institut.

En 1862, à Londres, quatre médailles grand module pour produits agricoles.

S. A. R. le prince Albert d'Angleterre, ayant entendu parler de la porcherie modèle de l'Institut, a fait hommage au Directeur d'une truie pleine de la belle race de Windsor.

En 1867, à Paris, médaille d'or grand module pour produits agricoles.

En 1873, à Vienne (Autriche), diplôme d'honneur pour enseignement du dessin.

En 1877, à Compiègne, concours régional du Nord, prime d'honneur et objet d'art de 3,500 francs.

En 1878, à Paris, Exposition universelle, médaille d'or grand module pour sa magnifique exposition de produits agricoles.

Diplôme d'honneur pour le dessin, avec mention : *très bien*.

En 1885, à Beauvais, concours régional du Nord, l'Institut agricole de Beauvais a obtenu le succès suivant, peut-être sans précédent dans les annales des concours régionaux :

1° Rappel de prime d'honneur ;

2° Deux prix d'honneur ou d'ensemble pour porcherie et basse-cour;

3° Médaille d'or grand module, prix d'arboriculture;

4° Trente-huit prix ou objets d'art ou médailles pour les races chevaline, bovine, ovine, porcine, galline et produits divers.

En résumé, l'Institut agricole de Beauvais compte plus de deux cents médailles d'or, de vermeil et d'argent; six diplômes d'honneur; six prix d'ensemble, consistant en un objet d'art; deux médailles d'or grand module, ou prix spéciaux; et la prime d'honneur régionale.

Ce ne sont pas encore tous les services rendus par le Frère Eugène à l'agriculture et au département.

Directeur du cours normal départemental depuis 1842, le Frère Eugène a élevé, avec un grand succès, une pépinière de jeunes candidats au titre d'instituteur, qui étaient chaque année inscrits les premiers sur les listes d'examen, et qui ont fait honneur à leur professeur dans les écoles primaires qui leur ont été confiées.

Directeur de l'Institut agricole depuis 1855, le Frère Eugène y a vu arriver en foule, de tous les départements de la France, et même de l'étranger, des jeunes gens se destinant à la carrière agricole et au professorat, qui venaient chercher à Beauvais un enseignement théorique et pratique admirablement professé par des religieux et des laïques, dont le mérite égale le dévouement.

Je ne veux pas, Messieurs, vous donner les noms de tous ceux qui font honneur à notre Institut agricole, et dont la commission d'examen, désignée par le conseil de la Société des Agriculteurs de France, a pu apprécier la valeur, car la liste en serait trop longue; mais je considère comme un devoir de vous en citer quelques-uns.

Sur le Livre d'Or des anciens élèves de l'Institut agricole, je relève quatre noms seulement :

1° Celui de M. P. Blanchemain, mon collègue et ami, secrétaire de la Société des Agriculteurs de France. Je laisse à un juge plus compétent que moi le soin d'apprécier son mérite.

Dans un discours éloquent prononcé à Clermont (Oise), M. Barral (un maître aussi celui-là) disait :

« Quand un établissement a produit un Blanchemain, il a sa raison d'être sous le beau soleil de France. » N'est-ce pas là, Messieurs, le plus bel éloge de l'élève et du maître?

2° M. Caubet, directeur de la ferme expérimentale de la Tête-d'Or, près Lyon, servant aux études de l'Ecole vétérinaire de Lyon.

M. Caubet est un élève des plus distingués; il a fait ses premières armes à l'Institut agricole, comme régisseur de la ferme.

3° Celui de M. Sirouy, un enfant de Beauvais, décoré à trente ans, et qui s'est placé au premier rang comme lithographe.

La lithographie et la peinture le proclament maître, puisqu'il est souvent choisi comme juge dans les expositions annuelles de Paris.

C'est M. Sirouy qui a bien voulu se charger de faire le portrait de son vénéré maître, que nous venons offrir aujourd'hui au Frère Eugène, à l'occasion de ses Noces d'or.

4° Celui de M. Delefortrie, d'Amiens, architecte en renom, qui a construit la belle chapelle de l'établissement, centre de l'Archiconfrérie de Saint-Joseph, puis l'église Saint-Jacques, et bien d'autres encore dans le style gothique. Les œuvres de M. Delefortrie sont des témoins vivants de la puissance de la foi unie à un beau talent.

Il ne m'est pas permis non plus d'oublier les noms des trois autres élèves de l'Institut, trois héros ceux-là, tous trois officiers pleins d'avenir, et tombés à Patay sous les balles allemandes, en défendant la France envahie.

Ce sont MM. des Roches de Chassay, de Vassal Cadillac, de Mengin Fondragon.

Je reviens, Messieurs, au Frère Eugène, directeur de la Station agronomique attachée, en 1873, à l'Institut agricole et subventionnée par le Conseil général. Notre cher Directeur a fait, à la ferme qui dépend de l'Institut, les études les plus intéressantes sur les graminées fourragères, sur les pommes de terre, sur les betteraves à sucre et sur les blés. Il publie chaque année des annales, qui jouissent d'une juste réputation, et qui ont eu l'honneur de mériter les éloges motivés de M. Tisserand, directeur général de l'Agriculture, et de MM. Boitel, Heuzé et Lambezat, inspecteurs généraux.

Il doit être heureux aujourd'hui, le bon Frère Eugène, cet homme si modeste, si loyal, si utile, en voyant cette foule sympathique qui se presse autour de lui pour l'acclamer ; et tous ses vieux amis, qui lui sont toujours restés si fidèles, doivent être fiers de voir ici, à cette table, le Président de la Société des Agriculteurs de France, qui a voulu lui apporter en personne la plus haute récompense de la Société ; ces Généraux, représentants de notre belle armée, si brillante devant l'ennemi, et qui nous vient toujours si fraternellement en aide pendant les rudes travaux de la moisson ; ces Députés, ces Conseillers Généraux, ces Anciens Elèves dont quelques-uns viennent du bout de la France, et enfin ces Agriculteurs accourus des quatre coins du département pour lui serrer la main et pour fêter ses Noces d'or.

Je crois qu'il me sera permis, en terminant, de dire en votre nom à tous, que le Frère Eugène a bien mérité de l'Agriculture, du département et de la France.

Je porte un toast au Frère Eugène.

M. **Dubos**, doyen des Professeurs de l'Etablissement, retenu par une indisposition passagère, a dû céder la parole à M. **Léluy** :

Mon cher Directeur,

Aux éloges justement mérités qui vous ont été adressés, je viens, au nom des professeurs de l'Institut agricole, ajouter le témoignage particulier de notre cordial attachement et nos bien sincères félicitations.

Sans avoir la parole des hommes éminents qui m'ont précédé, il me suffira, pour être agréé, de laisser parler mon cœur au souvenir toujours vivant d'un glorieux passé, qui entoure vos cheveux blancs d'une auréole toute formée de foi et d'honneur.

Digne successeur de l'honorable et regretté Frère Menée, vous avez non-seulement suivi le sillon tracé, mais vous l'avez continué plus profond et plus large, avec cette persévérance courageuse qui s'active des obstacles mêmes qu'elle rencontre, et qui distingue les hommes de caractère.

Heureux témoins de vos labeurs, cher Frère Directeur, nous avons vu naître cet Institut agricole, le joyau de votre couronne; nous l'avons vu se développer d'année en année, se recruter à tous les continents et étendre au delà des mers, avec sa croissante réputation, la vulgarisation des meilleures méthodes. Depuis de nombreuses années, nous, vos honorés collègues dans l'enseignement, travaillons à vos côtés, sous votre impulsion intelligente et virile; aussi nous appartient-il de déclarer, aujourd'hui, combien sont méritées et justifiées les acclamations que votre nom suscite dans cette assemblée d'élite; combien honore vos amis la haute sympathie dont vous recevez, à vos noces d'or, les consolants témoignages, pleins des meilleures promesses pour l'avenir d'une œuvre dont le succès comble de joie votre grande âme.

Interprète de mes chers et estimés collègues, c'est avec une vive émotion qu'en cette circonstance solennelle je viens vous offrir nos sentiments d'affection et d'entier dévouement.

Daignez, cher Frère Directeur, les avoir pour agréables autant qu'ils sont sincères et inaltérables.

C'est une charmante surprise que nous réservait M. **P. Blanchemain**, Président de la Société des anciens Élèves de l'Institut agricole. La superbe pièce de vers suivante parle pour elle-même, et les éloges que nous lui décernerions n'y ajouteraient rien :

Messieurs, dans ce voyage où le temps nous échappe,
Cinquante ans révolus, c'est une rude étape !
Et tel qui s'en approche avance en hésitant.
Bruns ou blonds, nos cheveux d'un gris inquiétant
Sur nos fronts dénudés déjà se raréfient.
Les poètes surpris, eux-mêmes, se défient

De leurs beaux rêves d'or. L'austère vision
De nos bonheurs détruits presqu'à l'éclosion,
Vient troubler le travail, l'espérance ou la fête.
On commençait à vivre... et sonne la retraite.

Mais il en est pourtant que l'âge n'émeut pas,
Qui se sentent trempés pour d'immortels combats
Qui, vaillants à toute heure avec leur cœur d'apôtres,
Ont su toujours si bien s'oublier pour les autres.
Que dans leur grand labeur, il importe peu
Si les ans ont coulé : c'est l'affaire de Dieu !
Ils vont, l'âme sereine avec leur lourde charge ;
Ils creusent ton vieux sol, ô France, et leur main large
Sème pour l'avenir l'élite des bons grains.
Ne leur demandez pas si, pour ceindre leurs reins,
Ils ont dû, chaque jour, devancer chaque aurore ;
Si les hivers glacés, le soleil qui dévore
Les a blanchis; courbés sur leur âpre chemin ;
Si, sur les rocs heurtés, le soc brisa leur main.
Ils ont leur mission, qu'importe la souffrance,
Dieu fera la moisson, voilà leur espérance !

O maître bien-aimé, vous êtes de ceux-là !
A vos joyeux seize ans, le Ciel vous appela.
De l'humble de La Salle on vous narra l'histoire,
Et vous avez voulu prendre sa robe noire,
Vêtir son dévoûment et sa simplicité;
Vous cherchiez l'ombre... Et c'est comme une majesté
Qui vient vous entourer sous cette pauvre bure
Et rajeunir pour nous, tel qu'on se le figure,
L'homme d'enseignement que rien n'a rebuté !

Si nos chers souvenirs ont leur témérité,
Si l'amour louangeur, Maître, vous épouvante,
Evoquons le passé. Sa page est émouvante.

Mais en avare, avant, comptons notre trésor,
Ce n'est pas cinquante ans d'âge, les noces d'or !
C'est cinquante ans remplis par la lutte et l'épreuve.
Cinquante ans d'énergie où l'amertume abreuve
Le cœur jaloux d'atteindre au bien qu'il a rêve,
Et de monter plus haut, plus il est entravé ;
Cinquante ans, sans compter les jours d'adolescence
Où fermente et jaillit en nous l'efflorescence
Des puissantes vertus, l'honneur de l'âge mûr.

Anciens, nous savons combien le sort en est dur
Parfois, combien la vie a de tristesses mornes,
Comme l'espoir se brise à d'inflexibles bornes,
Nous pouvons applaudir, après tant de travaux,
Celui qui, sans faiblir, en ose de nouveaux !

Pour moi, je n'oublierai jamais l'heure troublante
Où le Frère Menée a, de sa voix mourante,
Nommé le Frère Eugène, et puis dit: « Je suis prêt ! »
Il savait en tombant que son œuvre vivrait !
Il savait que ce cher Institut agricole
Qu'il avait, novateur, adjoint à son école,
Où trente jeunes gens déjà rêvaient l'honneur
De transformer, ô France, et ta terre et ton cœur,
Trouverait un appui dans cet autre lui-même.
Il savait que son œuvre était tout un problème,
Et choisit cet esprit mathématicien
Qui calculerait tout, sauf un labeur : le sien !

Dans ce triumvirat de si douce mémoire,
Où Gossin, Tocqueville et Menée avec gloire
S'unissaient pour venger l'esprit stérilisant
Qui laissait sur la brèche et, seul, le paysan,
Et conquérant au sol les enfants de famille
Leur montraient quel trésor jaillit du soc qui brille ;
Dans ce triumvirat qu'avait brisé la mort,
Du premier fondateur ressuscitant l'effort,
Maître, vous repreniez la plus illustre place !
Et depuis, rien n'a pu troubler en vous l'audace,
La science hardie et le zèle de feu
Consacrés à servir l'Agriculture et Dieu !

Vous êtes comme l'arbre aux débordantes sèves,
Votre âme s'est mêlée à tous nos meilleurs rêves
Et nous en gardons tous l'élan comme autrefois,
Provocateur du bien, nous aimions votre voix,
Vos conseils paternels,... votre gaîté piquante,
De nos jeunes amis le sort heureux nous tente.
Nous voudrions encor ressaisir nos vingt ans
Pour venir écouter, ainsi qu'eux, sur les bancs,
La leçon de chimie ou l'histoire des plantes,
Car si vous exercez vos forces dirigeantes,
Prodiguant les secrets d'une haute raison,
Pour mener au succès une immense maison ;
C'est pour vous un repos dans votre expérience
De parcourir le champ connu de la science,
D'y fouiller, d'y glaner comme le moissonneur.

La pratique elle-même, oh ! ne vous fait pas peur
Vous jugez d'un coup-d'œil l'élite des étables
Et l'on sait des verdicts de jurys mémorables
Qui soulevaient parfois d'homériques débats :
Les plus fins éleveurs ne s'y méprenaient pas ;
Ils devinaient leur juge à quelques traits sans haine,
Et tous, ils s'inclinaient devant le Frère Eugène !

Savant et professeur, connaisseur délicat,
Vous souriez, ô maître, et je parais ingrat !

Ce n'est pas pour juger d'un bœuf à la côte ronde,
Ce n'est pas pour chercher dans la terre profonde
Une énigme de vie et de fertilité
Que le long manteau noir fut par vous accepté
Il y a cinquante ans !
                    Non, votre œuvre est plus haute !

Sans doute, vous savez que c'est la grande faute
D'abandonner le sol, trésor inépuisé,
Que l'arme d'un grand peuple est le soc aiguisé.
Que les maux de la guerre ont dans l'agriculture
Une vengeance heureuse, une revanche sûre !
Mais pour que le pays tressaille aux jours vainqueurs,
Il lui faut avant tout des hommes, des grands cœurs !
Des héros ignorés que rien ne décourage,
Traçant dans leur chemin comme l'humble attelage
Le sillon toujours droit où germe l'avenir !
Aussi vous avez dit à Dieu :
                    « Daigne bénir
« L'Institut de Beauvais, ma pépinière d'hommes.
« Sans toi, je sais trop bien tout le peu que nous sommes.
« Je les ferai chrétiens, mes chers agriculteurs ;
« J'élèverai leur âme aux sublimes hauteurs ;
« Et si par leurs travaux ta fortune est accrue,
« Sur chaque territoire où plonge leur charrue,
« France, tu cueilleras une belle moisson,
« Et tu redeviendras la grande nation ! »

Cette promesse ardente et ce cri d'espérance
Devaient vous émouvoir, agriculteurs de France,
Noble société faite du dévoûment
De tous ceux qu'épouvante un avenir qui ment.

Esprits loyaux mêlés à cette lutte immense,
Où le pays s'énerve, où son zèle commence .
A supputer la honte et la stérilité.
Du cercle d'anarchie où son front s'est heurté,
Vous sentez, pour qu'enfin la France se relève
Glorieuse à jamais, comme le cœur la rêve,
Qu'il faut qu'elle s'acharne à refouiller son sol ;
Mais que son âme aussi s'élance d'un haut vol ;
Qu'on ne tarisse pas la sève d'énergie,
Les sources de vertu, la tendresse élargie,
Que met au cœur d'un peuple écrasé de malheurs
La foi dans un Dieu juste et des printemps meilleurs.

Aussi, c'est en vos noms, qu'en ce jour un Dampierre
A remis votre croix d'honneur à l'humble Frère.
Oh ! ne semble-t-il pas qu'en cet embrassement,
Où la loyauté vient bénir le dévouement,
L'on puisse pressentir une plus douce aurore ?
Ma France, tu voudras te réserver encore

Le zèle et les travaux de ces religieux
Qui n'ont, tu le sais bien, été qu'ambitieux
De vouer, au succès sacré de l'édifice
De ta gloire, le prix de leur pur sacrifice ;
Qui toujours, à toute heure, enseignent tes enfants,
La force aux éprouvés, le calme aux triomphants ;
Qui soignent tes blessés, tes vieillards, tes malades,
Et t'aiment, même après les sombres fusillades !

Voilà pourquoi j'acclame un vaillant des vaillants,
Vétéran, d'un labeur de plus de cinquante ans.
Ce service ignoré des lois obligatoires....
France, bénis son nom, c'est une de tes gloires ;
Il n'aspire qu'au droit de mieux t'instruire au bien.
— Que t'a-t-il donné ?
                    — Tout !
                              — Que veut-il pour lui ?
                                        — Rien !

M. **Sirouy**, Président de la Société amicale des
anciens Elèves du Pensionnat, a pris ensuite la parole en
ces termes :

MESSIEURS,

Les visages radieux qui nous entourent en si grand nombre
montrent assez que nous assistons aujourd'hui à une de ces rares
cérémonies que les hommes les plus privilégiés ne voient qu'une
seule fois, et qui suscitent les sentiments les plus élevés dans
l'âme de ceux qui ont le bonheur d'y assister. C'est en effet une
précieuse faveur à laquelle la reconnaissance humaine a donné
très justement le nom de *noces d'or*, soit que cet acte se passe dans
la vie civile ou dans la vie religieuse. Qu'y a-t-il de plus auguste
dans la vie de la famille que le spectacle de deux époux se re-
tournant vers Dieu pour le remercier de leur bonheur ? Cinquante
ans d'une union heureuse et féconde leur ont donné des fils
qui touchent déjà à la vieillesse, et dont les rejetons ajoutent
au cycle de la famille de charmants enfants gais et riants, qui
sont le bonheur de la vie et comme les fleurs de cette couronne
qui resplendit autour du front paternel. Plus le foyer est nombreux, et plus l'aïeul est fier et heureux ! Le nom de la famille
ne périra pas, l'ordre de Dieu est accompli : gloire lui en soit
rendue !

La solennité qui nous réunit aujourd'hui, Messieurs, présente
le même caractère. Les plus anciens du Cher Frère Eugène
touchent déjà à la vieillesse ; plusieurs générations leur ont succédé, et nous sommes heureux de voir ici tous les jeunes enfants
qui se joignent à nous pour venir honorer un de ces éducateurs

de la jeunesse comme Dieu sait en susciter pour sa gloire et pour le plus grand bien des sociétés.

Un éducateur ! Certes, le Frère Eugène en est un, unissant en lui, dans une juste mesure, la fermeté et la bienveillance, accueillant avec la même cordialité les uns et les autres, pauvres et riches, illustres ou modestes, et réservant les rudesses de sa parole pour les grands qui ont toujours pu s'adresser à lui quand ils ont eu quelque souci de connaître la vérité. Doué des aptitudes les plus diverses, d'une rare facilité d'assimilation et d'une grande puissance de travail, le Frère Eugène fut un professeur dont l'enseignement universel laissera une trace lumineuse dans la maison des Frères ; sa robuste constitution lui permit de supporter un travail colossal qui étonnerait aujourd'hui beaucoup d'hommes jeunes et vaillants : pendant nombre d'années, il fit huit et dix heures de classe par jour, enseignant d'abord la grammaire et les éléments de la langue française aux tout jeunes enfants ; plus tard la grammaire supérieure et la littérature, ensuite la chimie, les sciences physiques, et mathématiques, la zoologie, les sciences naturelles, la botanique. La création de l'Institut agricole ouvrit une nouvelle carrière à son activité enseignante ; d'autres vous en ont parlé mieux que je ne saurais le faire, et la Société d'Agriculture de France a reconnu sa haute compétence en honorant cette fête par la présence de ses plus illustres représentants.

La Genèse, en nous racontant l'histoire de la création du monde, nous dit dans son langage d'une simplicité grandiose : « Dieu regarda ce qu'il avait fait, et il vit que c'était bien. » Le Frère Eugène peut aujourd'hui se décerner le même témoignage, et, regardant avec une légitime satisfaction ses cinquante ans de travaux et de vertus, il peut se rendre cette justice d'avoir travaillé avec fruit aux plus grandes causes que l'homme puisse servir en ce monde : la gloire de Dieu par l'enseignement chrétien, le salut de la société et la grandeur de la patrie.

A la santé et aux longues années du Frère Eugène, notre maître vénéré et notre ami ! A la prospérité toujours croissante de cette Maison, qu'il a tant contribué à agrandir et à rendre florissante pour la gloire de Dieu et pour l'honneur de notre patrie bien aimée.

Enfin, le Frère **Eugène-Marie** s'est levé et nous a tenus, pendant toute la durée de sa réponse à ces divers discours, sous le charme de sa parole. Il était impossible de remercier avec plus d'éloquence ses hôtes, ses amis et ses élèves.

Monsieur le Président,
Messieurs,

En évoquant les souvenirs de ma vie, — et je puis remonter déjà loin, — je reconnais n'avoir jamais reçu plus grand honneur que celui de me voir en ce jour entouré de tant d'hommes éminents par la science, la vertu, la bravoure, le patriotisme et le dévouement le plus absolu à la cause de la Religion et de l'Agriculture.

Alliance féconde que celle de la Religion et de l'Agriculture! C'est sous cette égide tutélaire que notre Maison a grandi, s'est développée, et peut aujourd'hui abriter une nombreuse et belle jeunesse.

Depuis cinquante ans, tous ceux de mes confrères que j'ai vus se succéder ont apporté à la construction de l'édifice leur part d'action : un zèle qui ne s'est jamais démenti, même au milieu des plus graves difficultés.

A ceux qui m'ont constamment secondé dans une tâche si laborieuse, permettez-moi, Messieurs, de leur reporter une large part des hommages que votre bienveillance me décerne en cette fête, qui ne se présente qu'une fois dans l'existence d'un homme.

Aussi, mes chers et bien-aimés confrères, recevez l'expression de ma plus vive gratitude et de ma paternelle affection. En travaillant à l'œuvre commune, vous avez bien mérité de notre Congrégation. Et il a fallu, de votre part, cette somme d'abnégation et de labeurs incessants pour mener à bonne fin les créations multiples de l'Etablissement de Beauvais.

Après moi, vous continuerez, je l'espère, votre utile mission auprès de ces chers enfants.

Ils sont la joie de la famille, l'espoir de l'Eglise et de la France. Vous leur enseignerez, avec les connaissances qui ornent l'intelligence, ce qui est plus précieux encore : la crainte et l'amour de Dieu.

Que leur vie soit illuminée des brillantes clartés de la Foi! et ils deviendront des hommes courageux, forts, prêts à soutenir vaillamment le combat pour le triomphe de la vérité et de la justice.

Mais déjà, Messieurs, il nous est permis de nous abandonner aux plus douces espérances.

Voyez-vous d'ici comment nos chers petits enfants sont frais, épanouis, radieux sous votre regard !

Quel bonheur est donc celui de l'aïeul qui se sent ainsi revivre au contact de la jeunesse! C'est celui que mon cœur ressent à cette heure bénie, si pleine de charmes et d'émotions.

Mais à côté de ces enfants, beaux comme l'espérance, et qui s'épanouissent en ce moment au souffle de notre tendresse, je contemple avec non moins de bonheur et de joie les anciens de la famille : Elèves de l'Institut agricole, Elèves de l'Ecole normale, Elèves du Pensionnat.

Plusieurs de ces chers anciens veulent bien se souvenir encore des leçons de leur jeune professeur.

En ce temps-là, on vient de le redire en termes délicats, il devait conduire de front les mathématiques, la physique, la chimie générale, la chimie analytique, la botanique et la zoologie appliquées à l'agriculture, et je crois autre chose encore.

Comme vous le voyez, Messieurs, la besogne était compliquée; mais il rencontrait de la part de ses élèves tant de bonne volonté, d'attention et de travail, que la tâche, en fin de compte, se trouvait bien simplifiée.

J'ignore ce que sont devenus mes x et mes y, mes plantes et mes creusets. Mais ce que je garde précieusement au fond de mon cœur, pour le rappeler souvent à ma pensée, c'est le bonheur de ce temps heureux, si vite écoulé.

Je m'aperçois, Messieurs, que je m'égare dans les sentiers par trop fleuris où se complut ma jeunesse religieuse et mon professorat des premières heures.

Ainsi l'homme obéit, sans le savoir, à une pente naturelle, en se reprenant à aimer vieux ce qu'il aima enfant. Il y revient comme malgré lui, et s'y reprend d'une étreinte comme pour se cramponner à la vie qui lui échappe.

Faut-il l'en blâmer?

Il est si doux de revivre par le souvenir et de s'abandonner à ces élans, alors que du port où nous sommes réfugiés, nous contemplons de loin les orages, et qu'il nous est enfin permis de nous reposer tranquilles et confiants sous les ailes maternelles de la divine Providence.

Quittons un instant, si vous le voulez bien, Messieurs, notre Beauséjour. — Nous y reviendrons bientôt. Je désire simplement remettre sous vos yeux une des plus belles scènes de l'Evangile.

Dans la province de Galilée, non loin de Nazareth, se trouve une montagne à laquelle se rattache un des plus grands souvenirs de la vie de Jésus-Christ.

Le sommet du Thabor est arrondi comme un dôme : on y monte par des sentiers boisés et fleuris. — C'était une retraite où venaient expirer tous les bruits de la terre, et comme disposée d'avance pour la scène mystérieuse qui allait s'y passer.

Accompagné seulement de trois de ses disciples, Jésus-Christ gravit la pente à l'heure calme du soir, et se mit en prière sur ce haut sommet où il allait manifester sa gloire.

Tout à coup, il se transfigura devant eux. — Son visage resplendit comme le soleil, et ses vêtements devinrent blancs comme la neige — et tel en fut l'éclat que nul foulon n'en saurait produire de semblable.

Les trois disciples, ravis en extase, voulaient prolonger cette heure du ciel sur la terre, et déjà ils proposaient de dresser trois tentes sur la cime radieuse en s'écriant : « Seigneur, il fait bon ici. » — Et moi aussi, Messieurs, comme les amis du Sauveur, je me dis : Il fait bon ici.

Oui, Monsieur le marquis, il fait bon ici, auprès de vous, près de ce grand cœur qui a su, au sein de la Société des Agriculteurs de France, revendiquer avec énergie la solution de tant de questions qui intéressent au plus haut point la prospérité publique.

Honneur à notre digne Président, honneur à tous ses dévoués et éminents collaborateurs, qui, chaque année, viennent présider nos examens et ajouter ainsi à nos études la sanction de leur situation et de talents glorieusement conquis.

A toutes les faveurs dont nous sommes redevables à la générosité et à l'esprit éminemment libéral qui dicte tous vos actes, vous avez accordé au Directeur de l'Institut agricole la plus honorable des distinctions. Au nom du bureau de votre Société vous êtes venu en personne glorifier un des enfants du Bienheureux de La Salle, un simple pionnier de l'Agriculture, et lui décerner cette magnifique récompense.

Il n'a pour vous remercier, Monsieur le marquis, et en votre nom la Société des Agriculteurs de France, que les modestes travaux accomplis pendant ces cinquante ans de résidence à Beauvais.

Il vous prie d'agréer, en hommage de reconnaissance profonde, les études agricoles qu'il se propose de continuer jusqu'à extinction de force et de vie.

Il fait bon ici. N'est-ce pas, pour un humble religieux, un bien rare privilège de se voir entouré des illustrations de l'armée, de ces vaillants généraux et officiers dont le noble cœur et les sentiments chevaleresques ne respirent que l'amour et la gloire de la France.

En leur adressant ce témoignage de respect, que vous partagez tous, Messieurs, je suis le faible écho de l'armée qui a su rendre hommage au courage et à la valeur, unis à l'habileté du commandement.

Il fait bon ici, au milieu de vous, Messieurs, protecteurs désintéressés de notre Institut, amis de la première heure, amis fidèles, amis toujours !

Vos noms, inscrits au fond de nos cœurs et dans nos souvenirs, resteront parmi nous comme le symbole de l'honneur et de la loyauté, de la beauté et de la grandeur de caractère mis au service de toutes les nobles causes.

Il fait bon ici, Messieurs les Agriculteurs. Vous êtes venus, à cette fête de famille, prendre une place qui vous est due à tous les titres.

Les services que vous rendez à l'Institut depuis de longues années déjà nous constituent vos obligés. Aussi, est-ce avec la plus vive et la plus affectueuse reconnaissance que je proclame vos droits : de guides éclairés et d'habiles maîtres dans le service pratique de l'agriculture.

Il fait bon ici. Lorsque je me vois entouré des courageux défenseurs de notre agriculture, l'image de nos anciens chevaliers, frappant d'estoc et de taille le Sarrazin, ennemi du Christ, se présente à mon esprit, et je suis heureux de saluer les valeureux champions de la cause agricole. Par l'éloquence de la parole dans les assemblées, par des écrits où la science coule à pleins bords, vous montrez à tous la voie du progrès. Honneur donc aux dévoués représentants de la Presse. Continuez à combattre, Messieurs, les idées justes font toujours leur chemin.

Ne trouvez-vous pas, Messieurs, qu'il fait bon ici ?

L'entrain et la franche gaité de tous ces jeunes gens semblent me rajeunir. Elèves anciens et nouveaux de l'Institut agricole, du Pensionnat, de notre ancienne Ecole normale, recevez mes remerciements pour la joie que vous apportez à mon cœur.

Je sais combien vous êtes demeurés attachés à la Maison qui abrita vos jeunes années. Vous y trouverez toujours, soyez en sûrs, le même accueil cordial, les mêmes sympathies.

Les cœurs ici ne se refroidissent pas tant qu'ils battent.

Il fait bon ici, sous cette tente si artistement décorée, où les banderolles multicolores, flottant au gré du vent, nous laissent apercevoir de magnifiques écussons et de gracieuses légendes écrites sous l'inspiration du cœur.

J'adresse mes sincères félicitations aux habiles décorateurs et au peintre éminent, mon ami et ancien élève *Sirouy,* qui a bien voulu reproduire mes traits, le témoignage bien affectueux de mon estime et de ma gratitude.

Messieurs, en cette journée de ma cinquantaine, il me faut payer une dette sacrée.

La plupart de ceux qui ont fondé, au prix de tant de sacrifices, le Pensionnat et l'Institut agricole ne sont plus là pour jouir de leur œuvre.

Combien leur mémoire m'est chère et précieuse! Que de fois j'évoque leurs noms vénérés!

Il y a des hommes qui semblent plus particulièrement bénis du Ciel. Dieu les mêle parmi nous afin de nous inspirer le courage et nous faire aimer la vertu. Ils étaient de ces hommes ceux qui ont jeté les fondements de notre maison, vous les reconnaîtrez lorsque j'aurai signalé leurs noms : Frère Menée, Louis Gossin, vicomte de Tocqueville, membre du Conseil général, baron de Corberon, membre du Conseil général, Lemaire, membre du Conseil général, vicomte de Plancy, membre du Conseil général, Randouin-Berthier, préfet de l'Oise, Mgr Gignoux, et tout le Conseil général.

A ces noms vénérés, il convient d'ajouter celui de M. Léon Chevreau, l'habile administrateur du département et le protecteur éclairé de nos institutions.

C'est à leur initiative, à leur persévérante habileté et à leur science qu'ils ont dû de vaincre toutes les résistances, et de voir enfin l'enseignement de l'Agriculture prendre corps et s'étendre sur tous les points de la France.

Les traditions qu'ils ont laissées se transmettent, grâce aux Professeurs habiles qui se sont succédé depuis le berceau de l'Institut jusqu'à ce jour. Je les salue tous en la personne de leur cher doyen, M. Ernest Dubos, et je les prie d'agréer mes plus chaleureux remerciements.

Combien je vous suis également reconnaissant, Messieurs les Présidents des Sociétés d'Agriculture de notre beau département, de ce que votre affection vous a inspiré en cette circonstance pour l'un des vôtres.

Vous me permettrez d'adresser à mon très honorable Président et très digne ami, M. le baron de Corberon, une action de grâce spéciale, ainsi qu'à vous, Messieurs du Comité, qui avez tout disposé en cette fête avec un tact et une habileté qui ne peuvent être surpassés.

Je reviens encore à vous, chers élèves, pour un instant seulement.

Vous fêtez un cinquantenaire; mais à votre âge vous doutez de la rapidité de la vie. Les années, ai-je vu dans un petit livre, se mangent comme les cerises dans le panier de l'écolier.

On va d'abord aux plus belles, puis viennent les bonnes, puis les moindres, enfin on est heureux de celles qu'on n'avait pas voulues.

Aussi, pendant qu'il en est temps, jouissez de vos belles années, gardez-les toujours fraîches et pures, et n'oubliez pas que le déclin d'une vie vertueuse est le reflet d'une sage aurore. Il est plein d'espérances et de souvenirs consolants.

Vous rencontrerez des épines sur votre route. Ecoutez :

Une grande héroïne de France, blessée sur le champ de bataille, disait : « Cela n'est pas du sang, c'est de la gloire. »

Si l'accomplissement du devoir nous blesse, regardons couler le sang généreux de nos blessures, et, à notre tour, écrions-nous : Cela n'est pas du sang, mais de la gloire.

Ce sont ces inspirations et ces sentiments qui formaient la trame des éloquents discours qui, dans nos fêtes de distribution des prix, nous tenaient sous le charme et entraînaient notre admiration.

Là, vous entendiez de pieux évêques, vos pères dans la foi; des prêtres éminents du diocèse; des préfets érudits et sympathiques; des maires de Beauvais, remarquables par leur talent et leur libéralisme; des magistrats et des jurisconsultes très distingués; des chefs de notre armée et de notre marine, sachant faire vibrer vos cœurs aux accents de leur enthousiasme patriotique; des voyageurs ayant parcouru les îles et les royaumes lointains, revenaient de ce tour du monde pour nous raconter, en un style enchanteur et plein de grâce, les merveilles de ces terres inconnues, les mœurs de leurs habitants, et traçaient ainsi la voie à de nouvelles découvertes.

Eux aussi auraient pu vous redire : tous ces travaux, ces fatigues, ces dangers, ces longues veilles, ces écrits qui enrichissent le domaine de la science et de l'économie des nations; de la jurisprudence et des lois; de la statistique, de la géographie et de l'histoire; tout cela c'est de la gloire, et de la gloire la plus pure.

Et toi, ville de Beauvais, qui m'as accueilli dans tes murs aux jours de ma jeunesse, il y a cinquante ans, reçois mon hommage de piété filiale.

C'est l'un de tes fils, auquel tu as accordé le droit de cité; il vient te remercier de ton hospitalité et te souhaiter toutes sortes de biens.

Pour exprimer sa reconnaissance, il se servira des paroles inspirées du prophète royal.

Oui, noble cité, illustrée par le sang de ton premier évêque et martyr saint Lucien, et par le courage de ton héroïne Jeanne-Hachette, que la prospérité habite dans ton enceinte, que l'abondance soit dans tes demeures, et que tous ceux qui t'aiment, ô ville bénie, goûtent les douceurs de la paix. Conserve la foi de tes premiers apôtres et celle que t'ont gardée intacte les illustres évêques qui se sont succédé sur le siège antique et vénéré.

Autrefois, dans un jour dont je viens de rappeler le souvenir, j'assistais avec les petits enfants que tu avais confiés à mon amour, à cette fête commémorative d'une de tes plus pures gloires.

C'était la fête de Jeanne-Hachette. Je contemplais alors un spectacle plein de majesté et de grandeur, et qui apportait le bonheur et la joie à toute la cité.

D'un côté le pontife, représentant de Jésus-Christ et ses prêtres, ministres du Dieu de paix, de l'autre les vaillants soldats de la France et leurs brillants officiers unissaient leurs sentiments et leurs espérances à ceux de la population beauvaisienne, pour honorer le courage et saluer le triomphe d'une simple fille du peuple.

C'était bien ici l'union de la croix et de l'épée, ces deux forces mises au service de la France, soldat du Christ pour sauver et régénérer le monde.

J'ai la confiance de voir avant de mourir, tous les préjugés se dissiper, et l'union la plus parfaite régner entre tous les citoyens de cette bonne ville de Beauvais, qui a gardé sa foi, son patriotisme et son dévouement à la sainte Église dont nous sommes tous les fils respectueux et soumis.

Nous regrettons de n'avoir pu entendre un autre discours que son auteur n'a pas cru devoir prononcer dans la crainte de prolonger la séance; mais ici nous nous faisons une obligation de combler cette lacune en le reproduisant.

La Cinquantaine du Frère Eugène

PAR Mᵍʳ CLAVERIE, ANCIEN AUMÔNIER ET FONDATEUR DE L'ARCHICONFRÉRIE DE SAINT-JOSEPH.

Alleluia! Alleluia! Alleluia!

Voici le jour que le Seigneur a fait,
Réjouissons-nous, et tressaillons d'allégresse !

La fête de ce jour béni entre tous, célébrant la glorieuse cinquantaine du très cher et très digne Frère Eugène, vient ajouter un nouveau fleuron au diadème de gloire dont la béatification du Bienheureux de La Salle a couronné l'Institut des Frères des Ecoles chrétiennes.

Rangés autour de notre héros, Frères, Elèves, anciens et présents, et ses nombreux Amis, nous faisons résonner les chants de la plus douce suavité.

Glorieuse, la cinquantaine des époux chrétiens qui ont donné à l'Eglise des enfants fidèles, et à la Patrie des citoyens utiles !

Glorieuse, la cinquantaine des Prêtres de Jésus-Christ avec la sainte Eglise, et celle des noces des Vierges avec l'Agneau divin !

Glorieuse, la cinquantaine du héros des batailles portant les nobles cicatrices de ses combats pour son pays !

Vive la glorieuse cinquantaine de notre cher Directeur qui, durant cinquante ans, s'est illustré sur les champs de bataille de l'Education et de l'Agriculture !

Héros de l'Education, récompensé dans sa foi comme Abraham par une postérité nombreuse, il compte, avec un juste orgueil, ses Fils dans les carrières les plus honorables, gravitant, comme autant de satellites autour de leur soleil dans les voies de l'honneur et de la vertu.

Héros de l'Agriculture, de cette noble carrière ouverte par Dieu à notre premier Père et aux Patriarches pour les associer à la puissance du Créateur.

Son glorieux drapeau est parsemé de nombreuses médailles du Mérite et des progrès agricoles, et comme l'azur du firmament il est sillonné d'étoiles scintillantes de lumière et d'éclat.

Dociles à l'Esprit-Saint, louons notre Père fort dans sa foi et fécond dans sa postérité comme Abraham, riche en vertus comme Enoch le juste.

Il a appliqué son âme à l'amour de Dieu, son esprit à l'étude de la science, son cœur à l'amour de la jeunesse.

Il a ouvert ses trésors à ses frères, il a mérité la réalisation de cette promesse divine. « Celui qui aura enseigné à ses semblables

« les voies de la justice et de la science brillera comme un astre
« étincelant durant les perpétuelles éternités. »

Il a employé ses mains avec force et courage à l'agriculture
pour en découvrir les secrets et en multiplier les richesses, lais-
sant à ses fils de raconter ses travaux, ses progrès et ses succès.

Et encore, héros du dévouement, le Frère Eugène, fortement
armé pour le bon combat, défenseur intrépide de la justice et du
droit, a montré la force de Moïse, chef du peuple de Dieu, la
force de Gédéon triomphant, avec une poignée de braves, d'ennemis nombreux, la force des Machabées combattant, aux jours
mauvais, pour Dieu, pour ses autels, pour leur Patrie.

Fils de prédilection de l'immortel et bien-aimé Frère Menée,
formé au contact de son cœur, le Frère Eugène a reçu de lui son
manteau avec sa vertu, ainsi que le prophète Elisée hérita du
manteau d'Elie.

Comme le jeune Lionceau couronné Roi des forêts par le Lion
mourant pour continuer ses exploits, il a hérité de la force et du
dévouement du père chéri de sa jeunesse, et dans ce beau jour de
sa cinquantaine nous nous plaisons à saluer dans le très cher
Frère Eugène la réalisation de cette maxime des Livres Saints.

« Le juste est hardi comme le Lion, il ne craint rien. »

Mais ajoutons : Lion par la force dans la lutte pour la justice et
la vérité, le cher Frère Eugène reproduit fidèlement le portrait
du lion paissant en paix au milieu des brebis, et du lion dans la
bouche duquel Samson trouva un doux et fortifiant rayon de miel.

Le cher Frère Eugène réalise cette double image par son dévouement sans bornes à la chère jeunesse confiée à sa garde et à
sa conduite.

Il justifie et réalise en sa personne cet éloge décerné récemment
au grand Cardinal d'Alger, une de nos plus nobles gloires fran-
çaises, au jour de la consécration solennelle de la cathédrale de
Carthage.

« Les cœurs des Lions sont les vrais cœurs de Père »

Tous, chantons dans un joyeux unisson, *Ad multos annos! Ad
multos annos!*

UN ÉCHO DES CHANTS DE LA CINQUANTAINE.

Tandis que les rossignols égaient le bocage par leurs accords
mélodieux, la tourterelle du fond des bois répond à ces concerts
par ses roucoulements.

Daigne le héros fêté de la glorieuse cinquantaine accueillir
l'écho fidèle de ces chants de triomphe reproduits par le cœur d'un
vieil ami en PRISON!!!

Si les discours que nous venons de reproduire ont été écoutés avec une attention des plus sympathiques, celle que l'on a accordée à la partie musicale n'a pas été moins grande.

Le programme réservait aux convives l'audition de plusieurs morceaux d'orchestre d'un goût exquis; ils ont été rendus avec sûreté et ampleur.

Entre tous, notons l'ouverture de *la Muette*, la fantaisie sur *Mignon*, *la Couronne ducale* de M. A. Lemarié, le *duo concertant* de flûte et de hautbois, exécuté avec beaucoup de délicatesse et de précision par MM. Mahu et Debonne, et les deux romances de grands maîtres, chantées avec âme par M. Moreau. Nous sommes heureux d'adresser nos félicitations à tous les artistes exécutants qui ont prêté si gracieusement et si spontanément en cette occasion, le concours de leur talent dans la personne de leur aimable et jeune chef, M. L. Lemarié, professeur à l'établissement des Frères.

Avant de quitter la tente du banquet, félicitons M. Dufort, son état-major et ses troupes, qui ont excellemment servi un non moins excellent repas à ce millier de convives, en comprenant le repas du soir; car des intrépides, quittant leur place à cinq heures, s'y sont gaillardement remis à huit heures.

La maison Delavier avait décoré de ses plus belles plantes les diverses parties de la salle tapissée avec goût par Mme Hannegon. C'était une véritable exposition horticole.

Que le cher Frère Bellot reçoive ici toutes nos félicitations pour le talent qu'il a déployé et l'ordonnance par lui apportée à la décoration de l'immense tente, sous laquelle ont pris place les nombreux amis du cher Frère Eugène.

La fête du soir a été nombreuse encore et brillante. Les courses à pied, organisées par les Elèves de l'Institut agricole, ont été disputées avec entrain, et un très beau feu d'artifice a clos la série des réjouissances de Beauséjour.

Telle s'est passée cette fête touchante, dans une parfaite harmonie de sentiments, grandiose, imposante, et pourtant simple dans son mouvement comme l'a été le principe qui l'a inspirée.

En voyant de si hauts et de si nombreux témoignages, venus de toutes les situations sociales, se rencontrer cordialement unanimes pour célébrer les années d'un modeste religieux, écoulées dans le travail le plus opiniâtre et la pratique de la vertu, on ne peut se défendre de rapporter à la Providence les succès d'une journée qui restera inoubliable. Ce n'est pas le triomphe d'un homme seulement que l'on a eu en vue, c'est son œuvre bienfaisante et éminemment sociale, désormais consacrée ; c'est la Congrégation qui n'a jamais demandé d'autre droit que celui de se dévouer; c'est la Religion que la conscience publique a tenu à honorer en ce jour, montrant une fois de plus qu'elle comprend les grandes causes et qu'elle sera toujours là pour les soutenir et les défendre.

Malgré les nuages que les passions dissidentes amoncèlent au firmament des sociétés, Dieu, vrai soleil des âmes, reste la lumière féconde qui donne la vie et la prospérité à toutes choses. Quand Il veut une œuvre, Il sait lui créer à temps des sympathies et des dévouements pour la susciter et la conserver.

BEAUVAIS

TYP. D. PERE, IMP. DE L'ÉVÊCHÉ, RUE SAINT-JEAN

A. CARTIER, GÉRANT.

139

www.ingramcontent.com/pod-product-compliance
Lightning Source LLC
LaVergne TN
LVHW022029080426
835513LV00009B/935